This book belongs to...

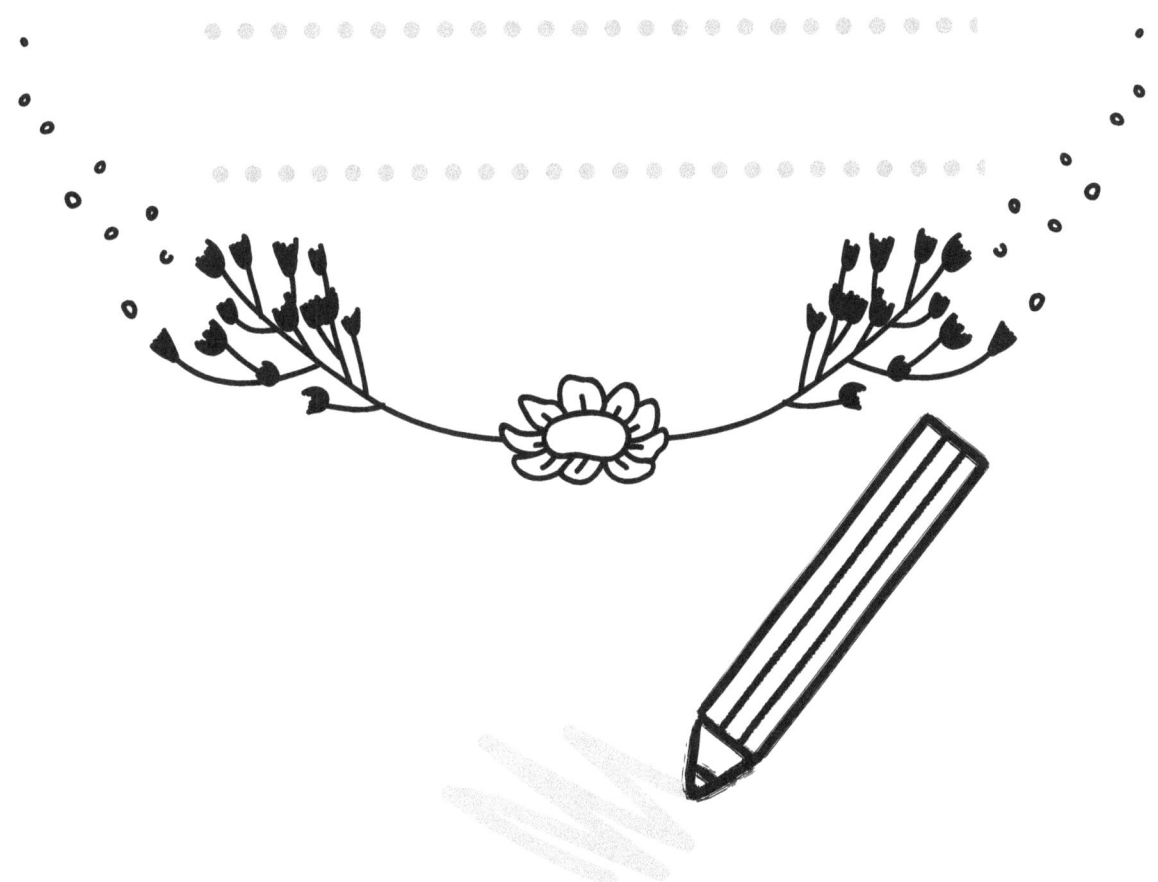

Dolphin

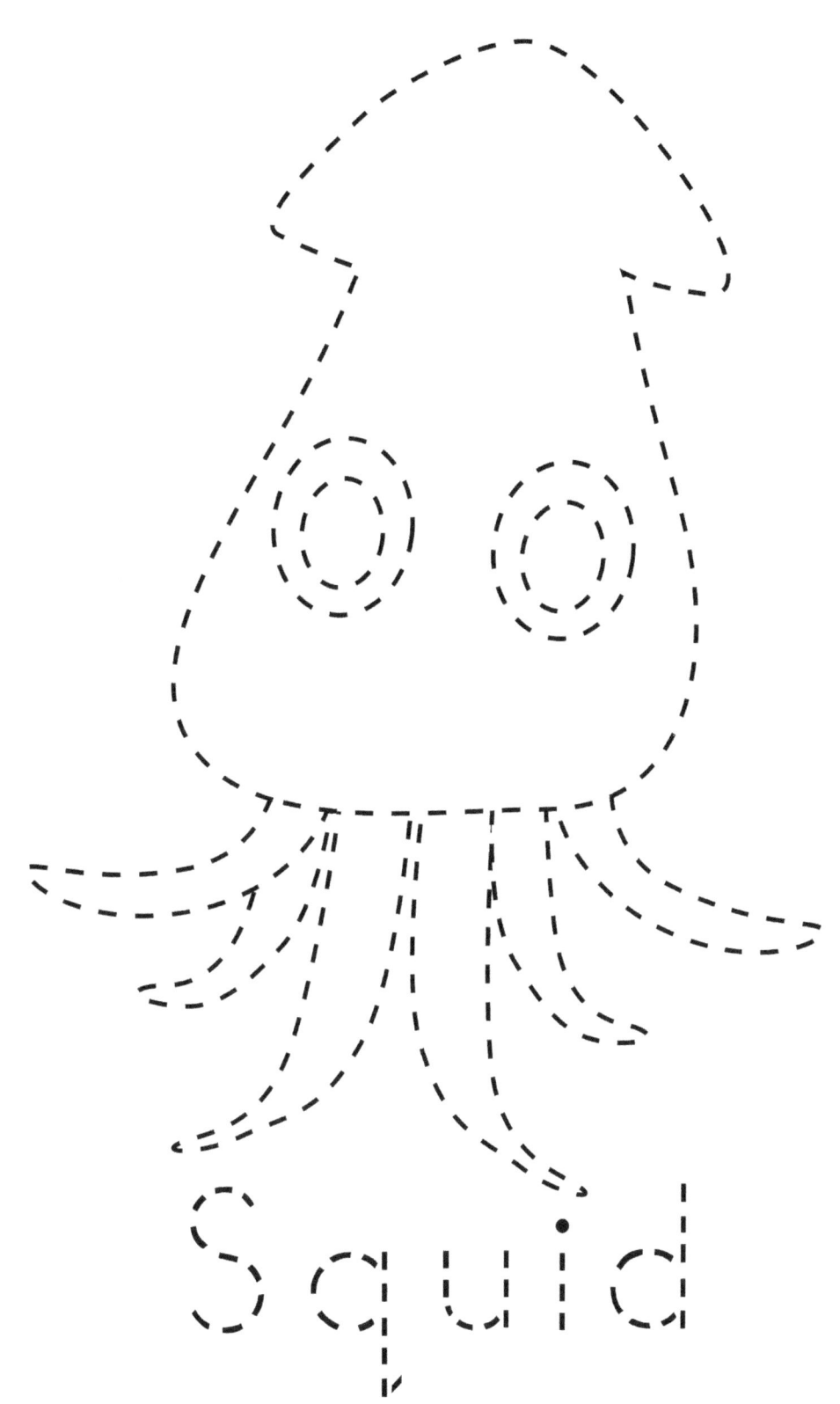

Lobster

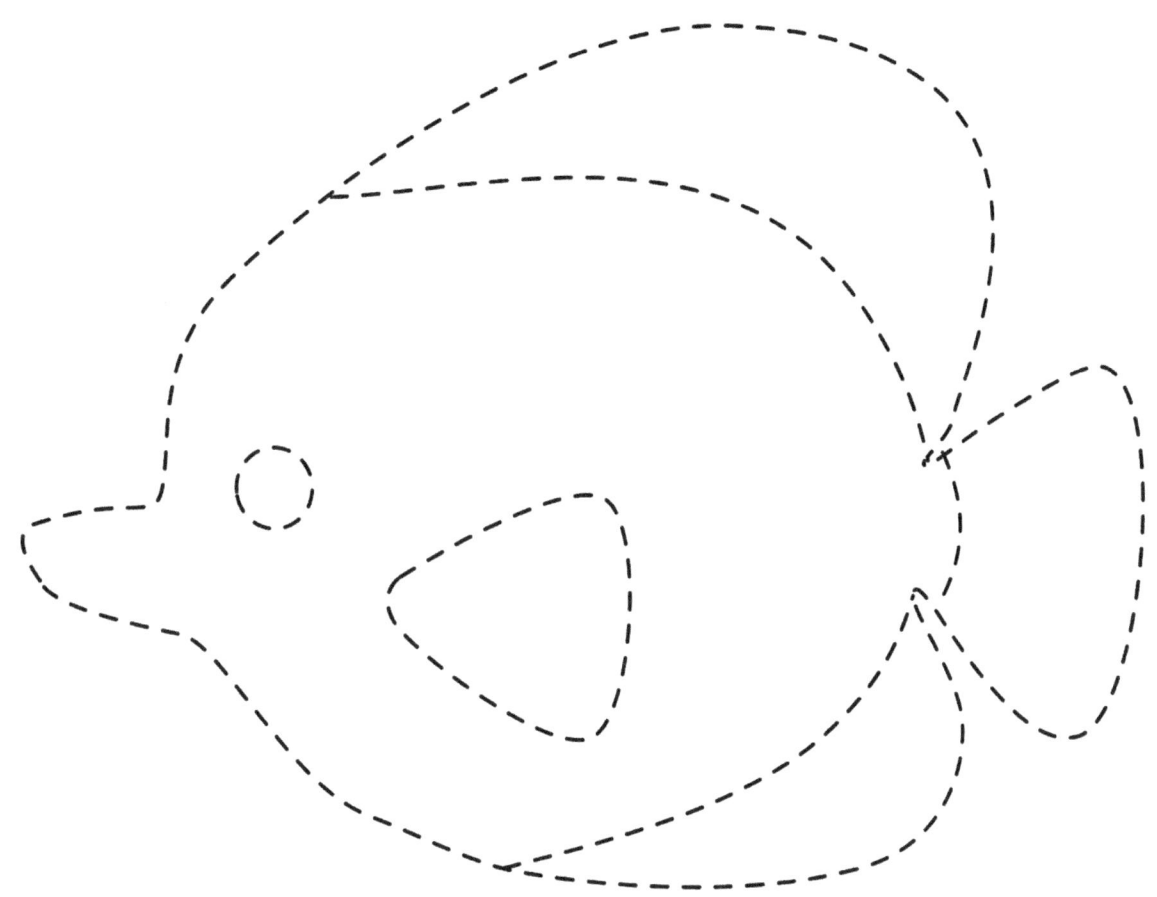

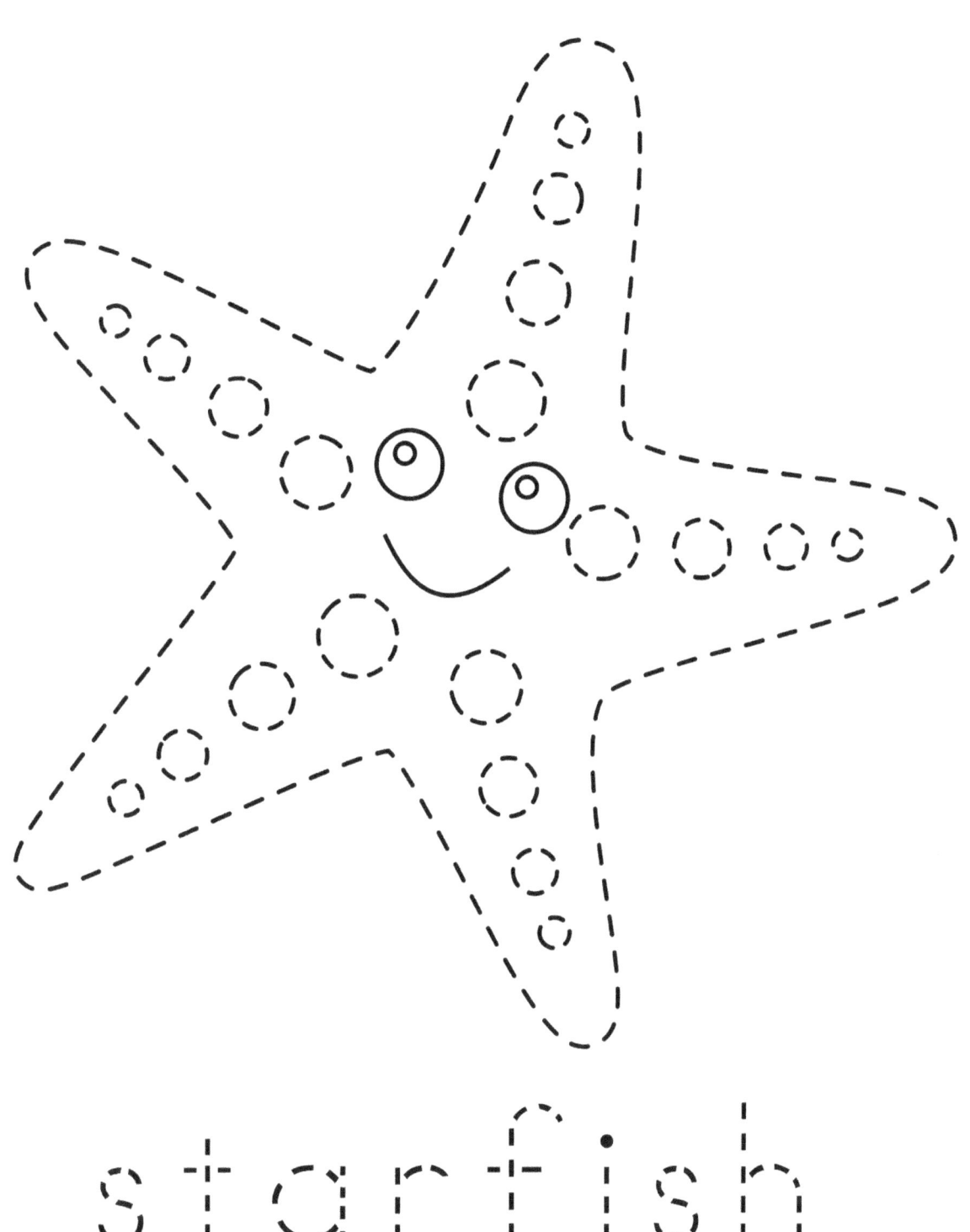

Learn to draw a turtle

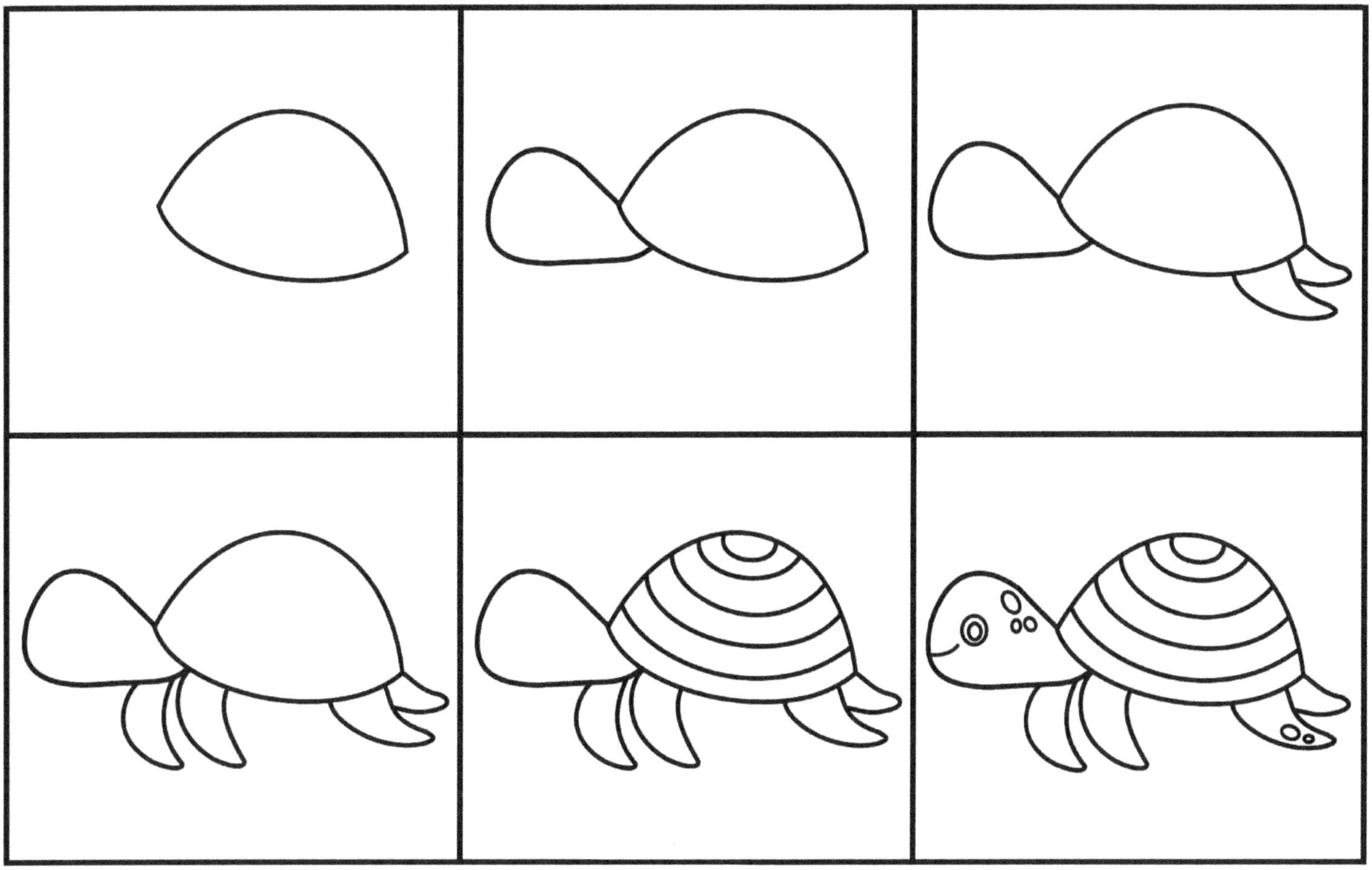

Draw here

Learn to draw a submarine

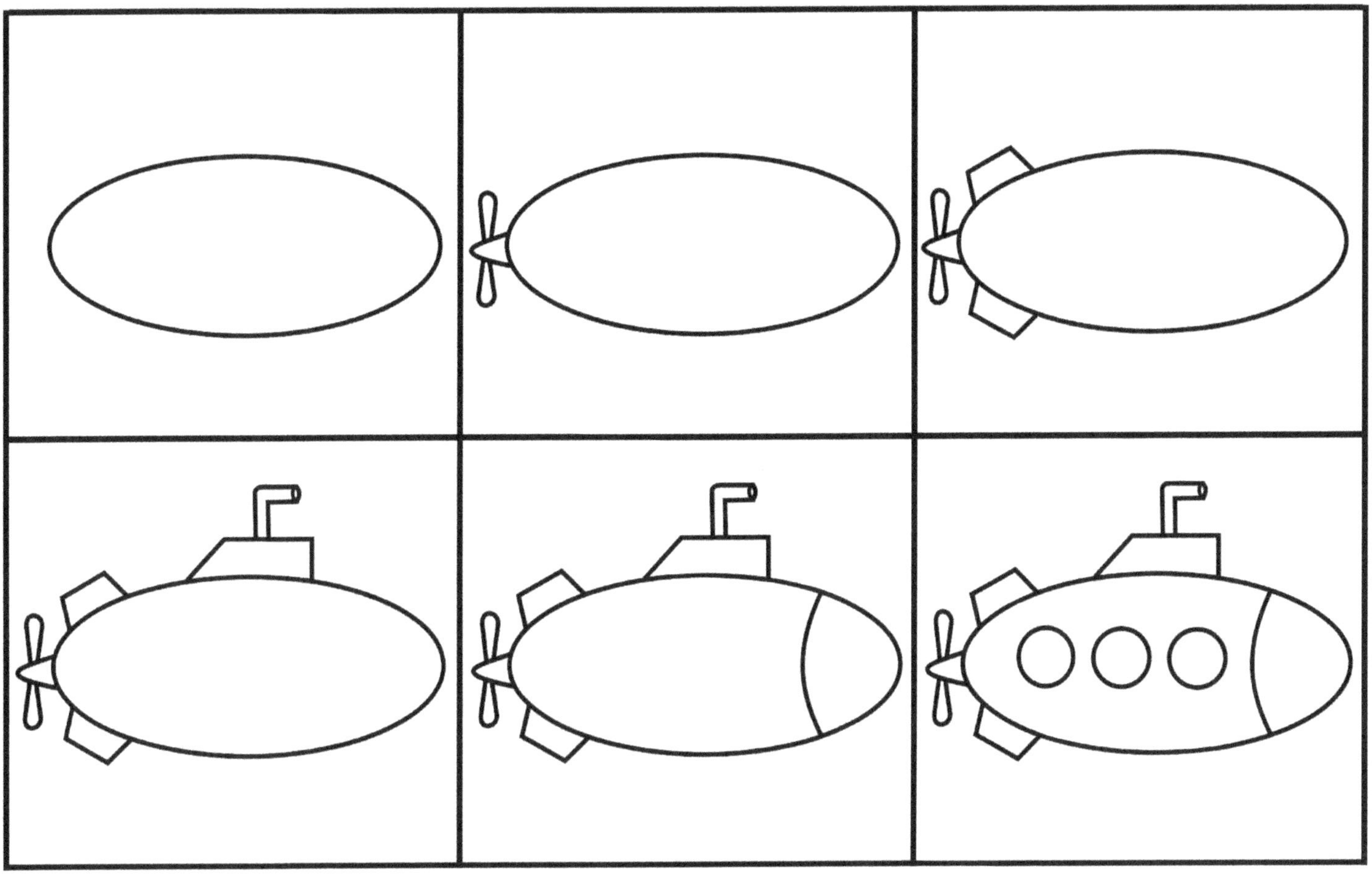

Draw here

Learn to draw an octopus

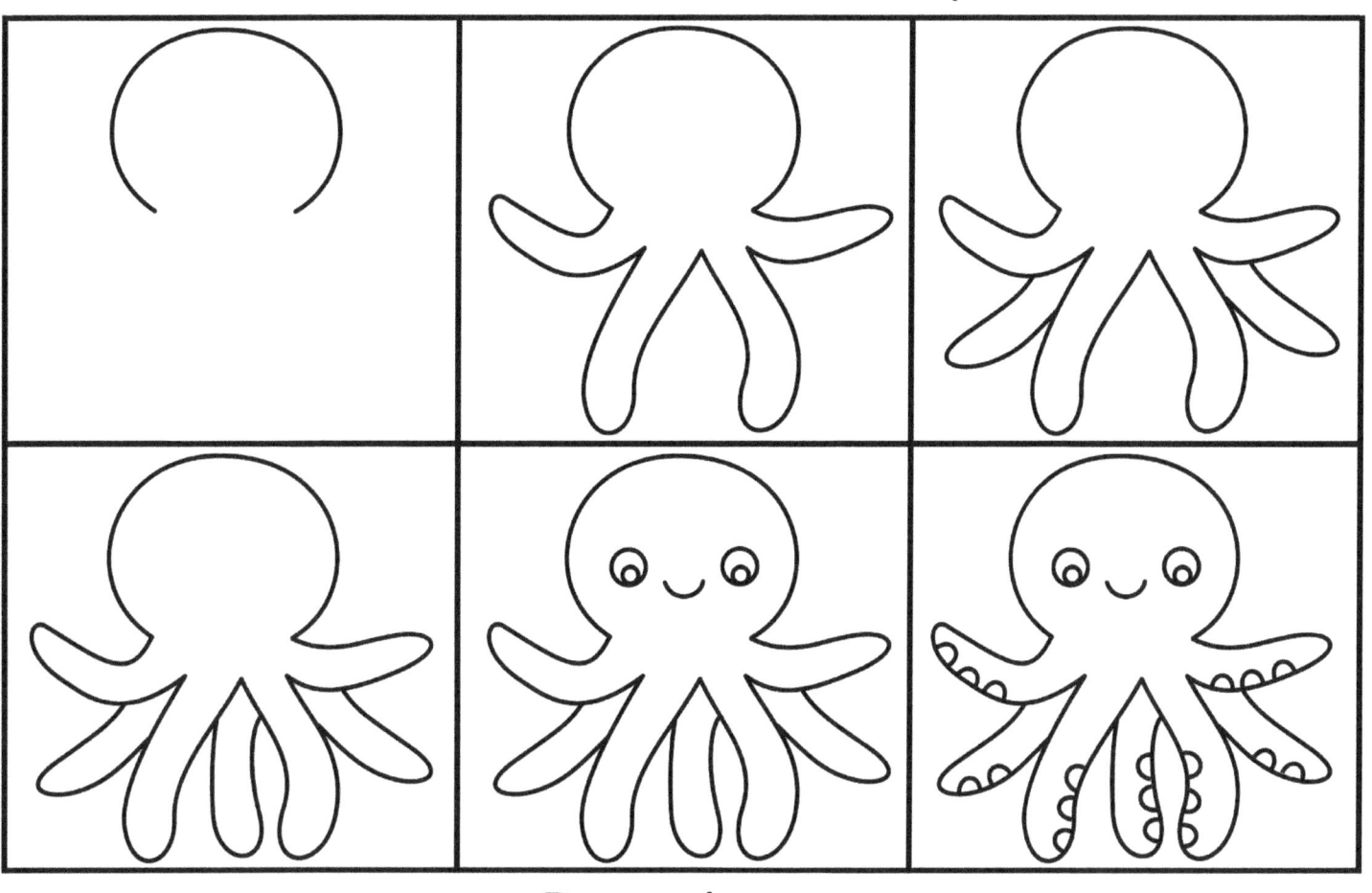

Draw here

Learn to draw a fish

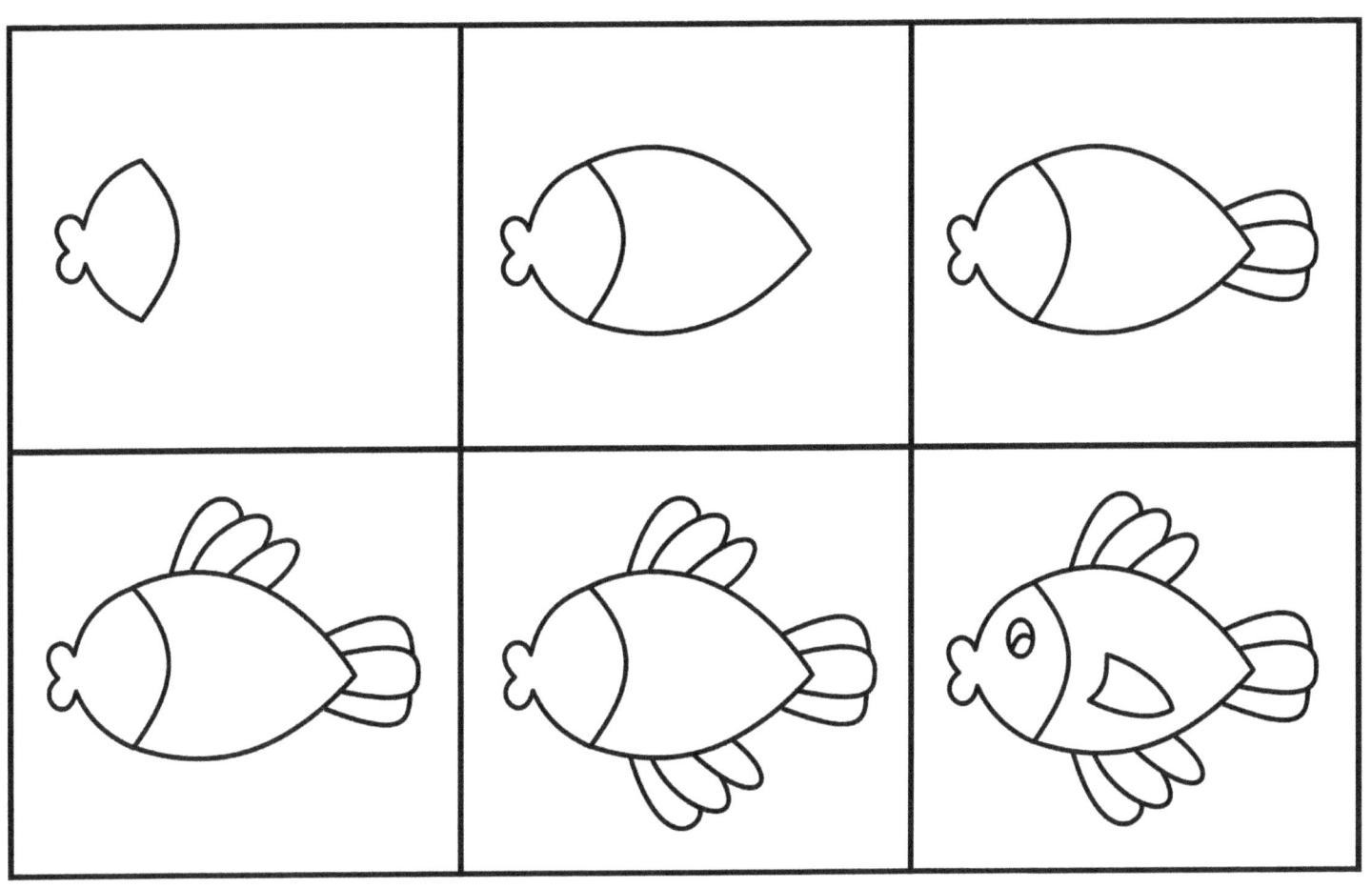

Draw here

Learn to draw a crab

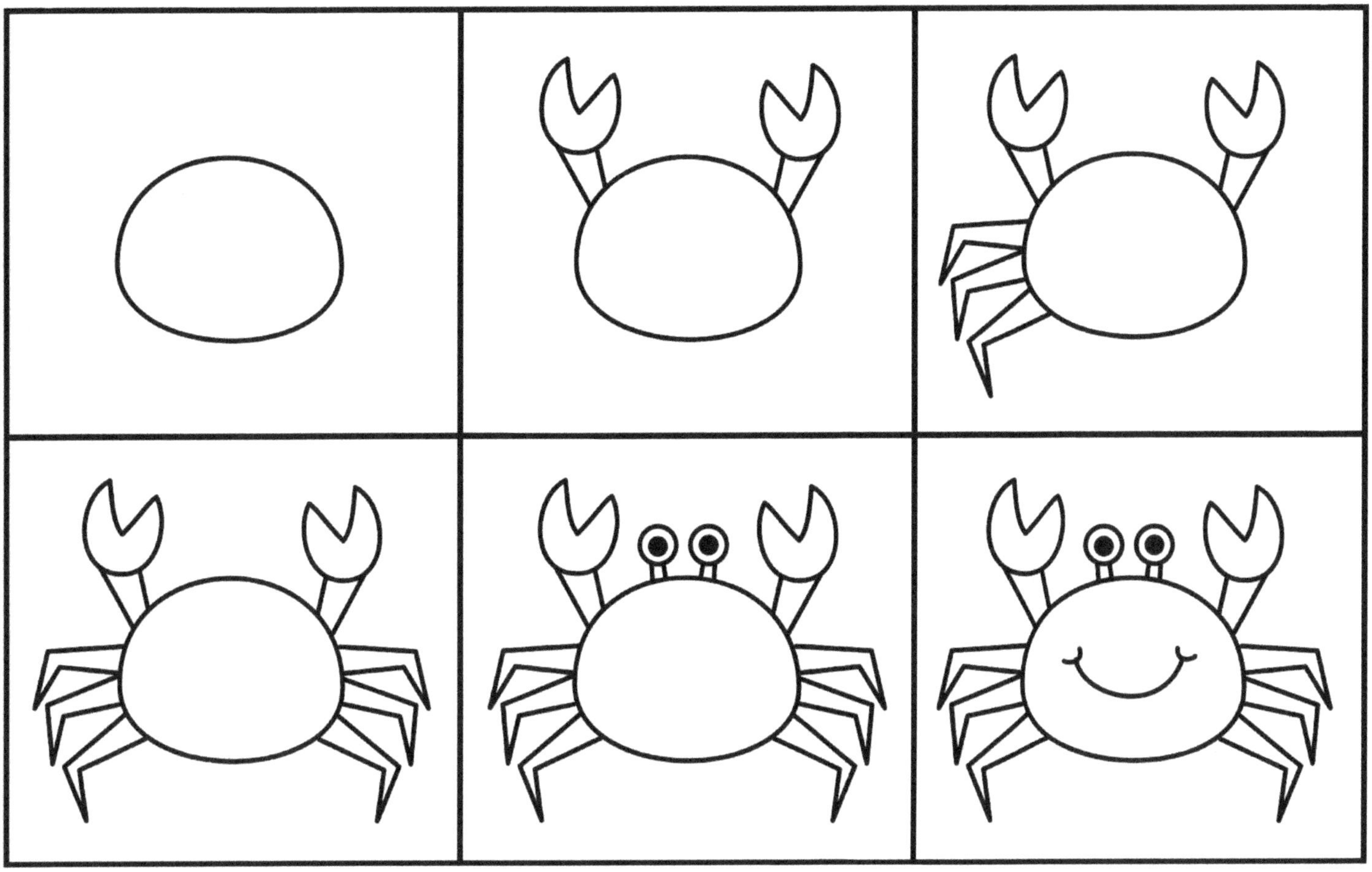

Draw here

Copy the picture

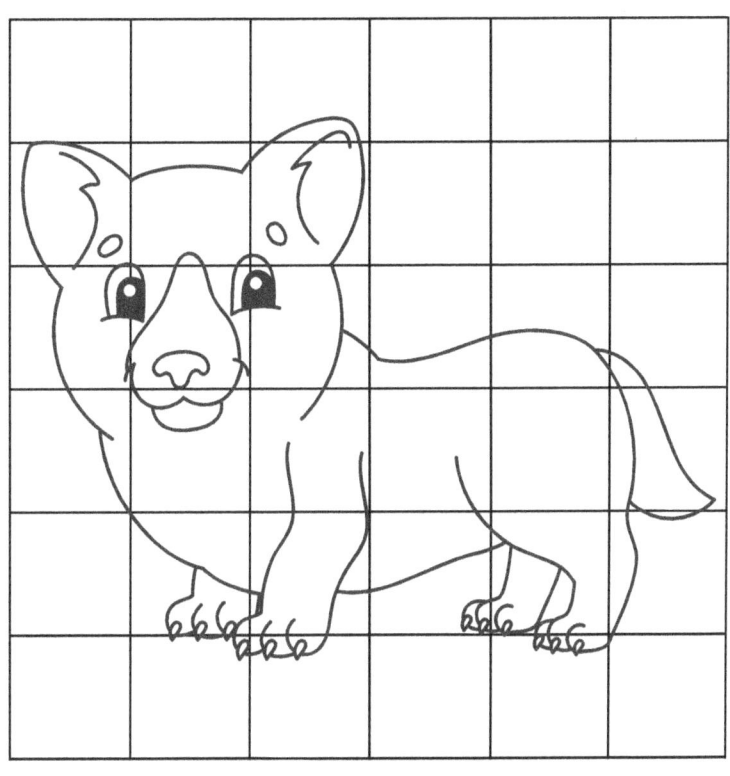

Copy the picture

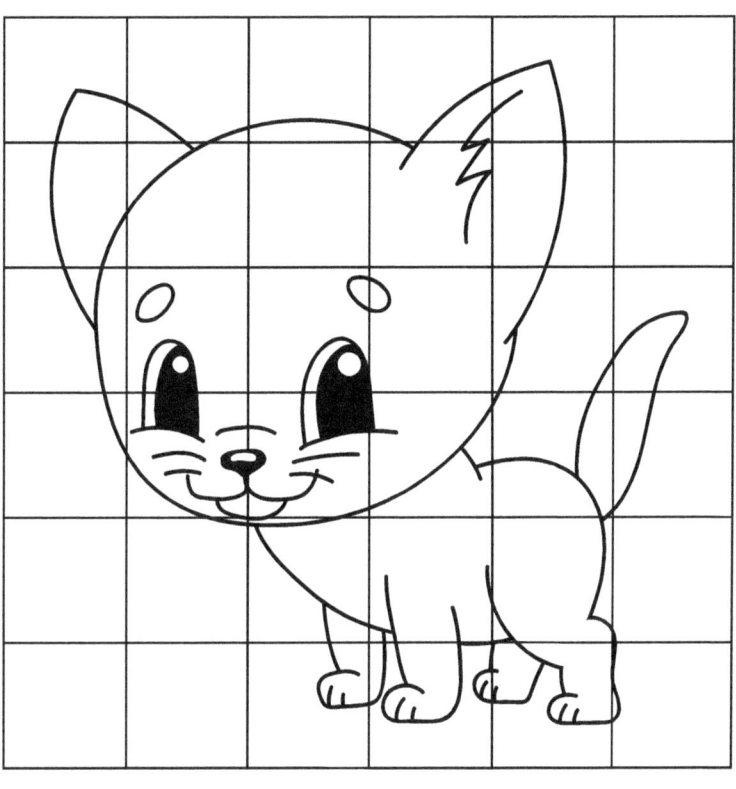

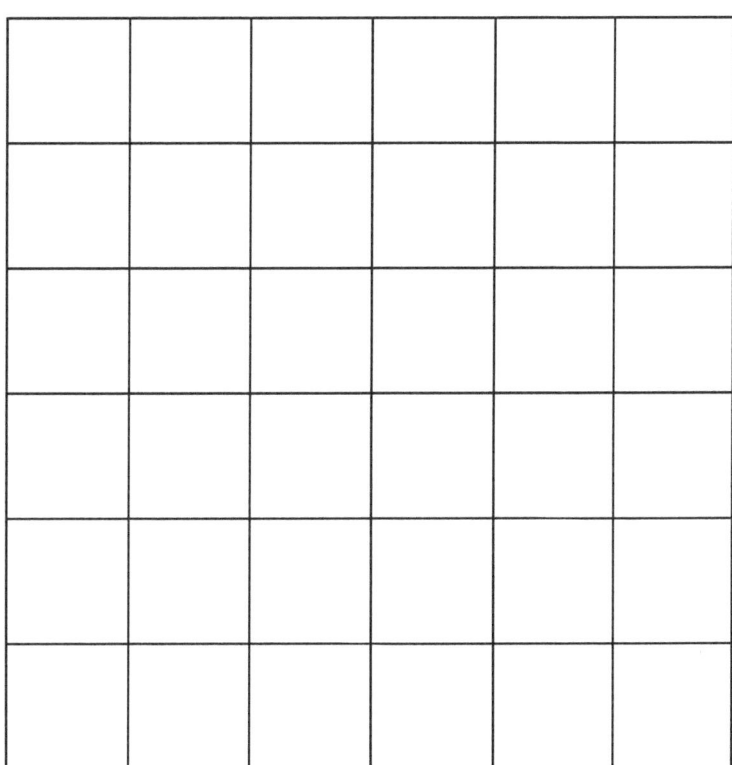

Copy the picture

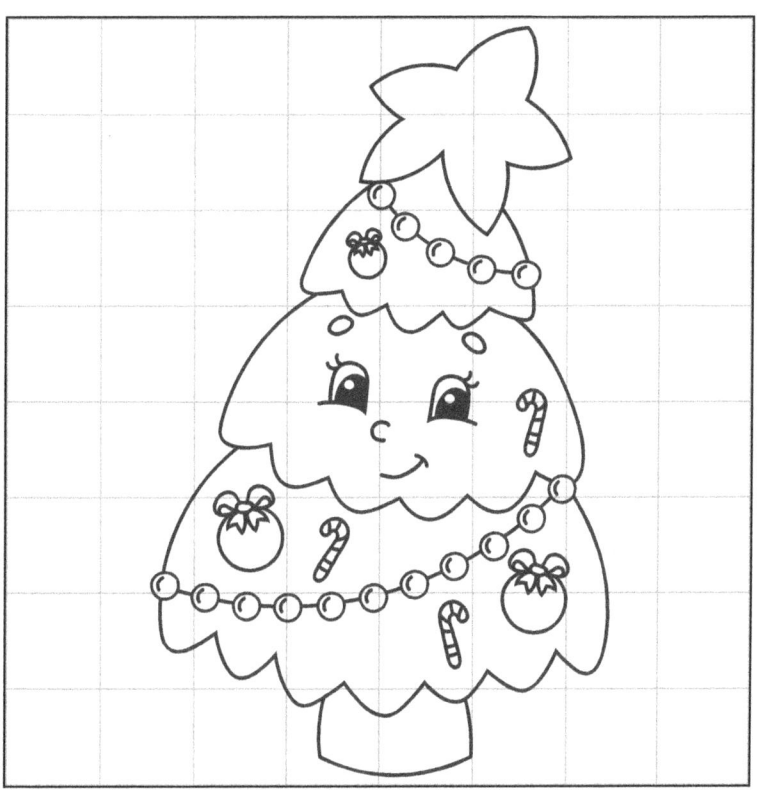

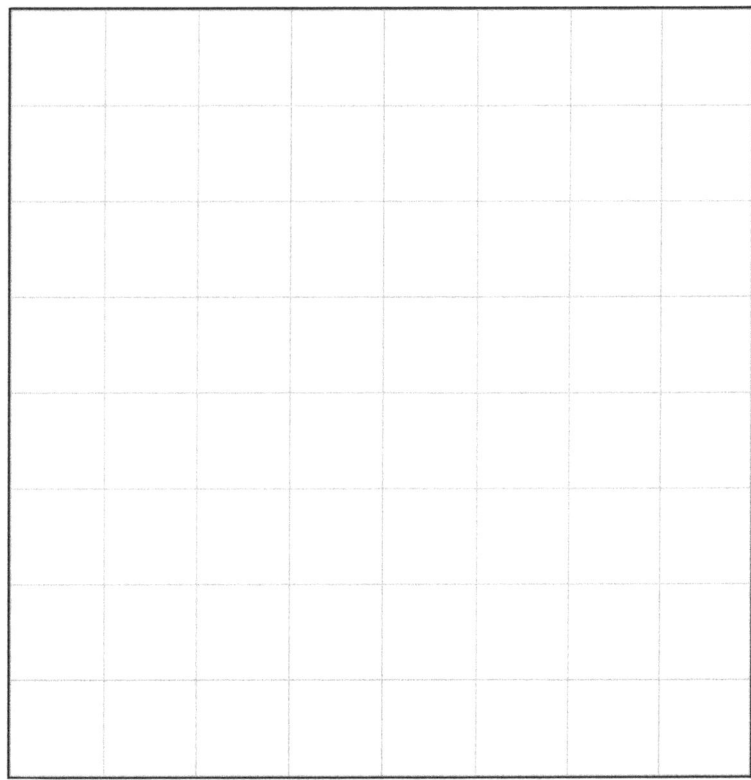

Copy the picture

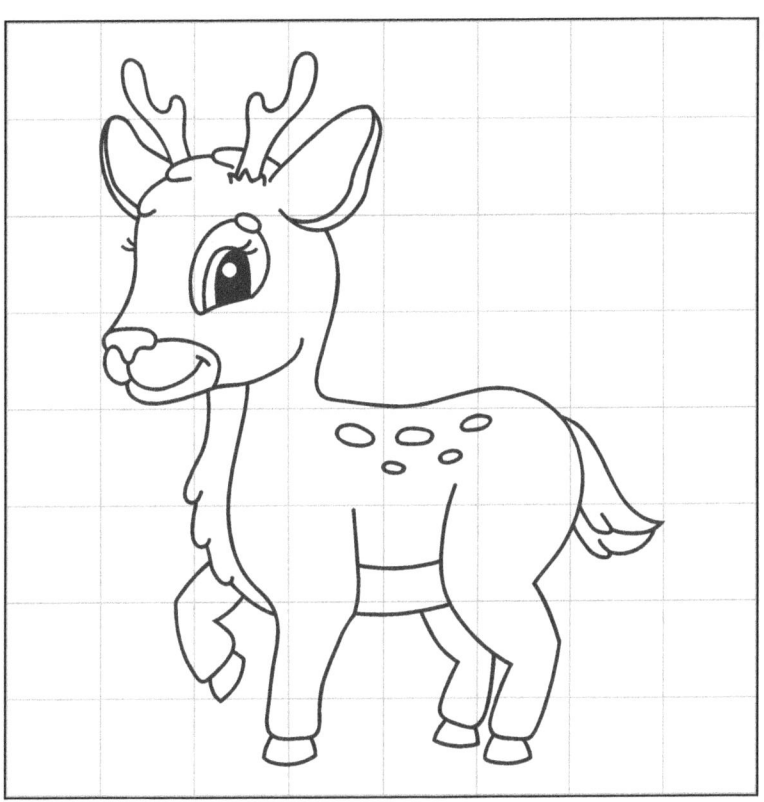

Copy the picture

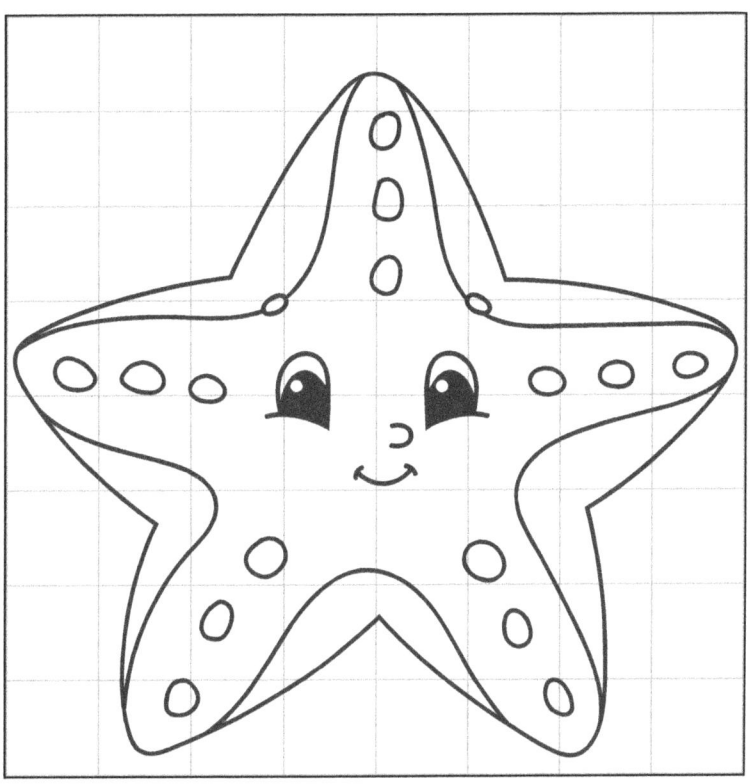

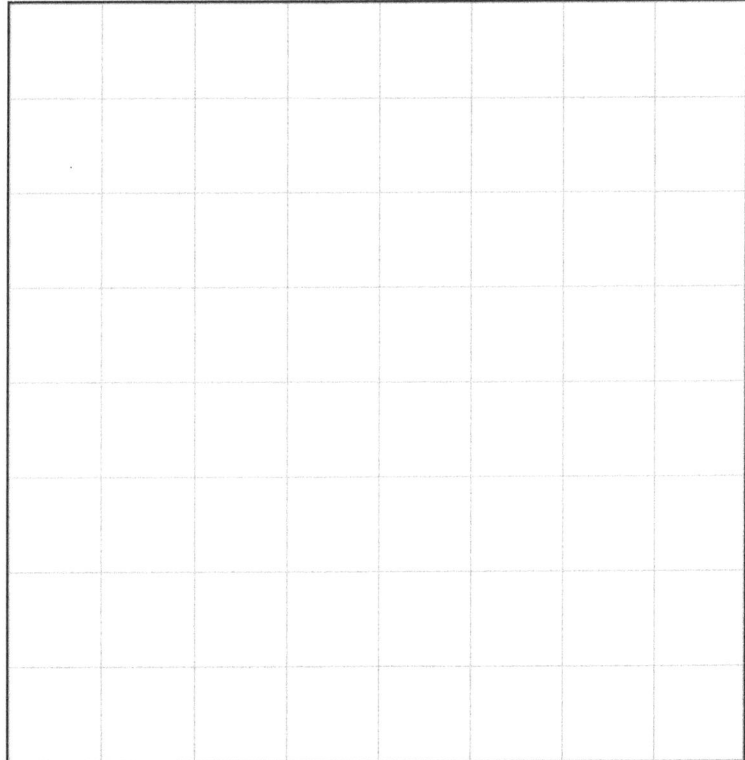

Copy the picture

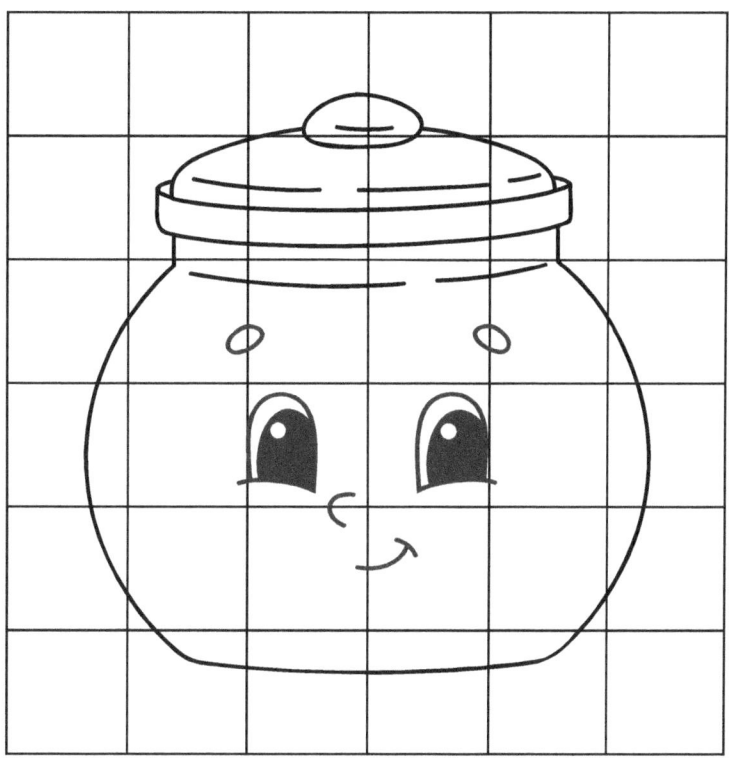

Copy the picture

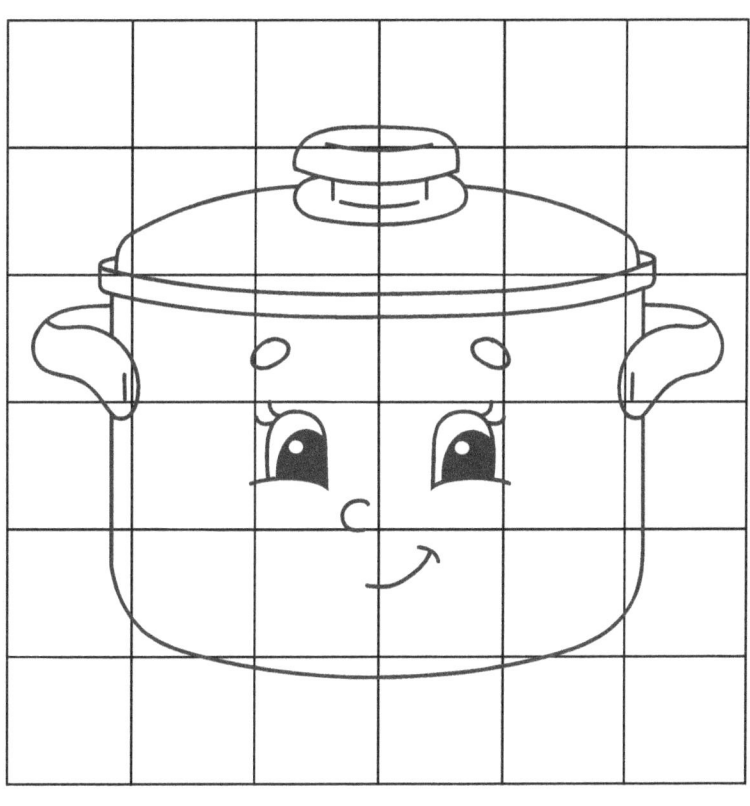

Copy the picture

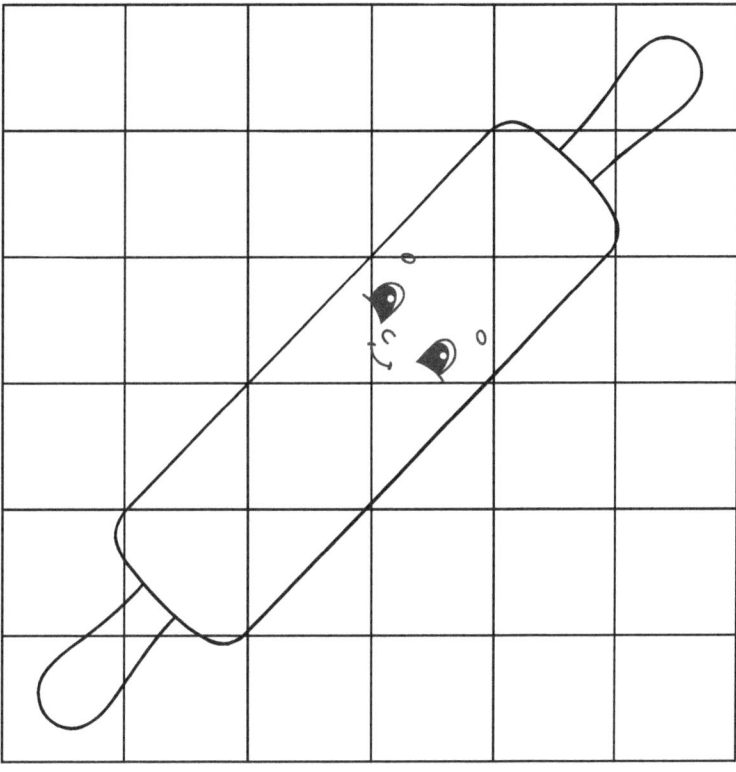

Copy the picture

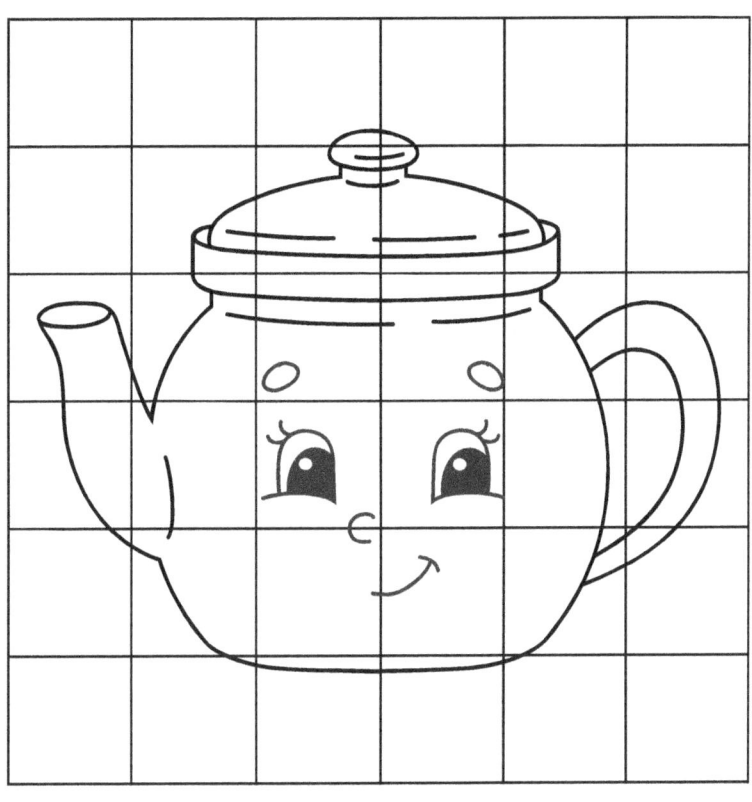

Copy the picture

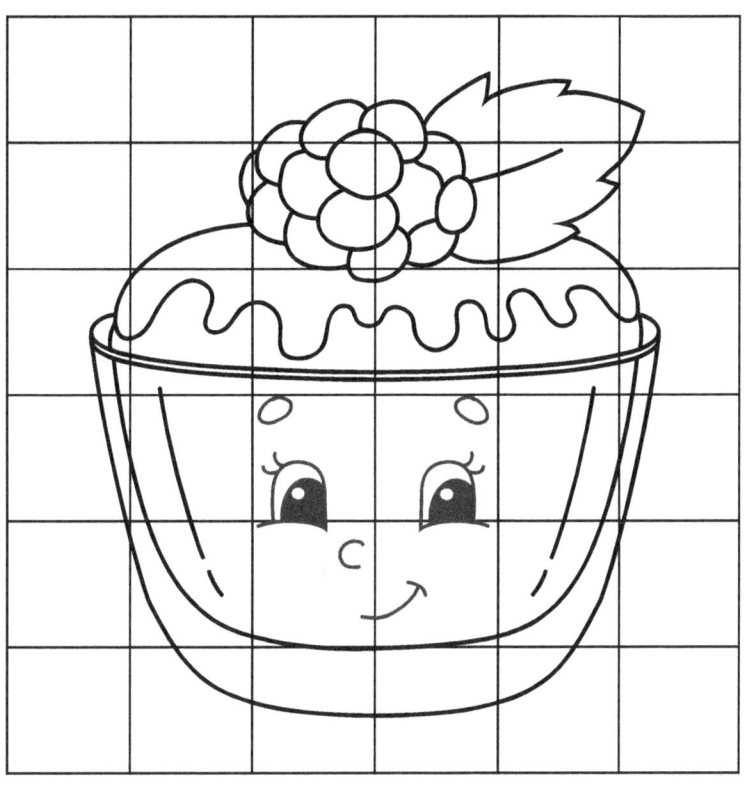

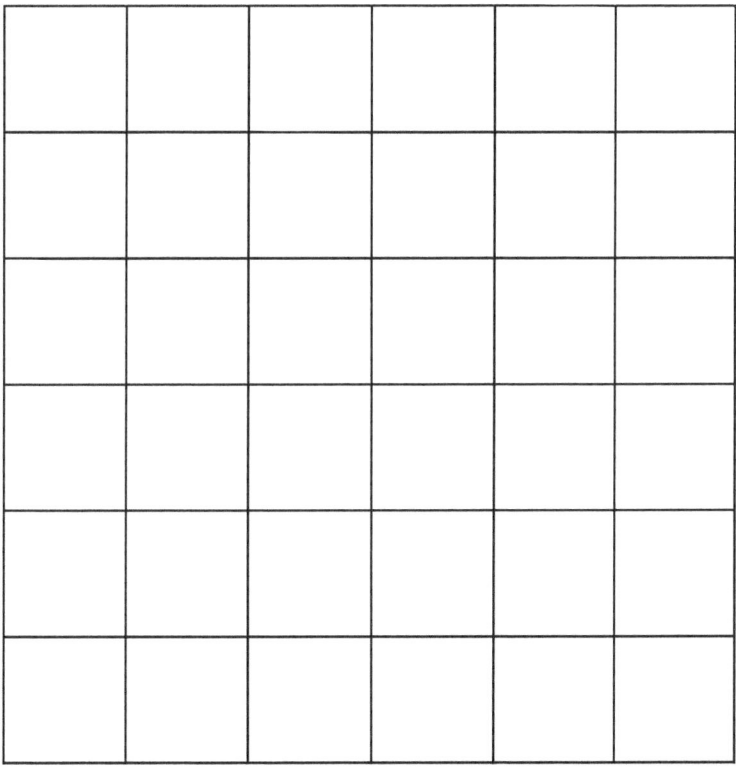

Copy the picture

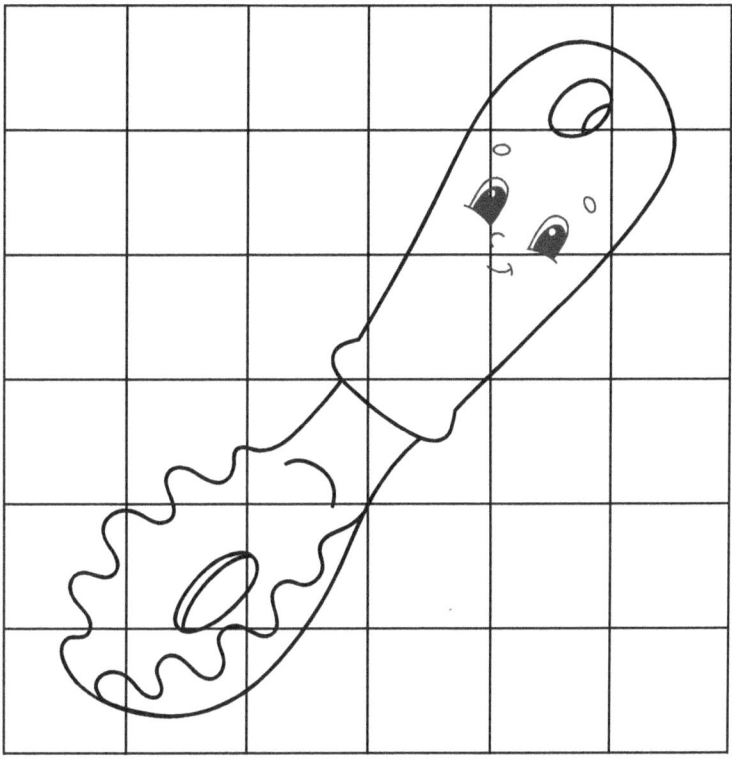

Copy the picture

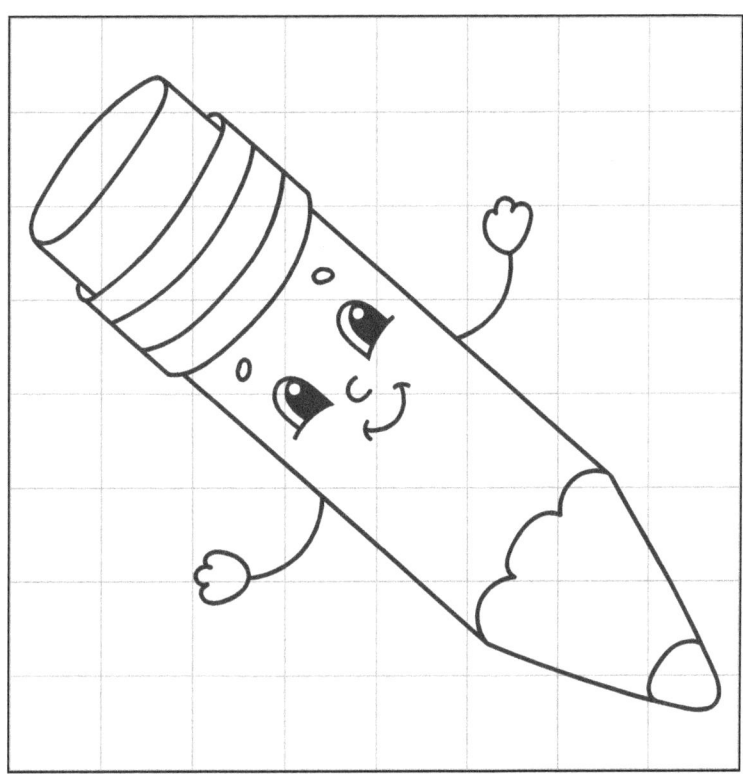

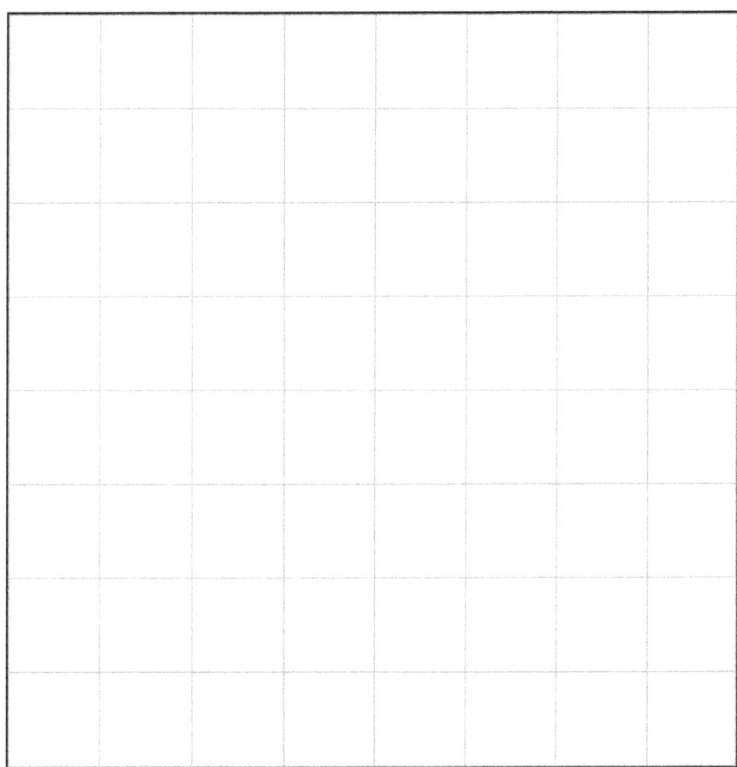

Copy the picture

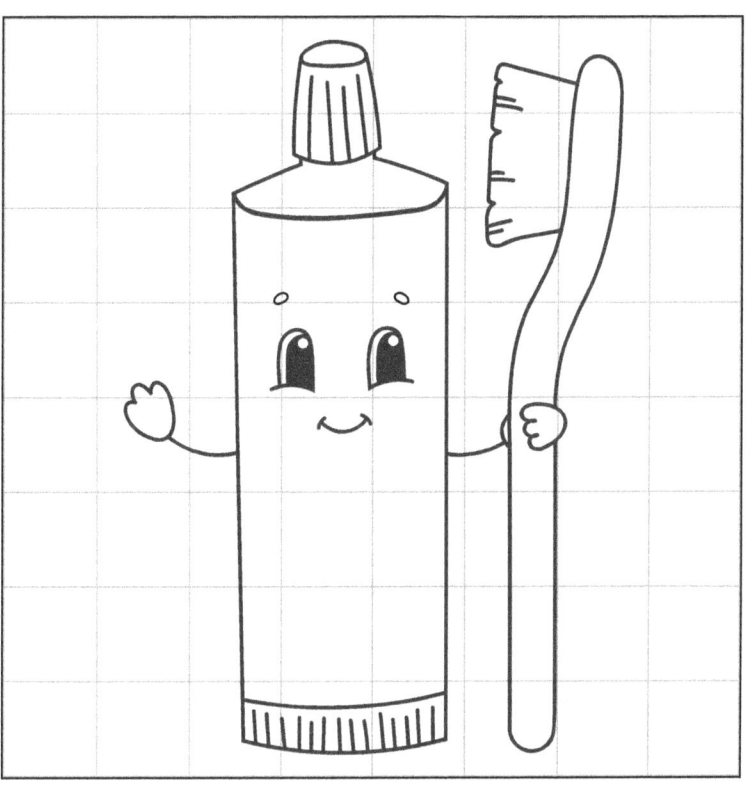

Copy the picture

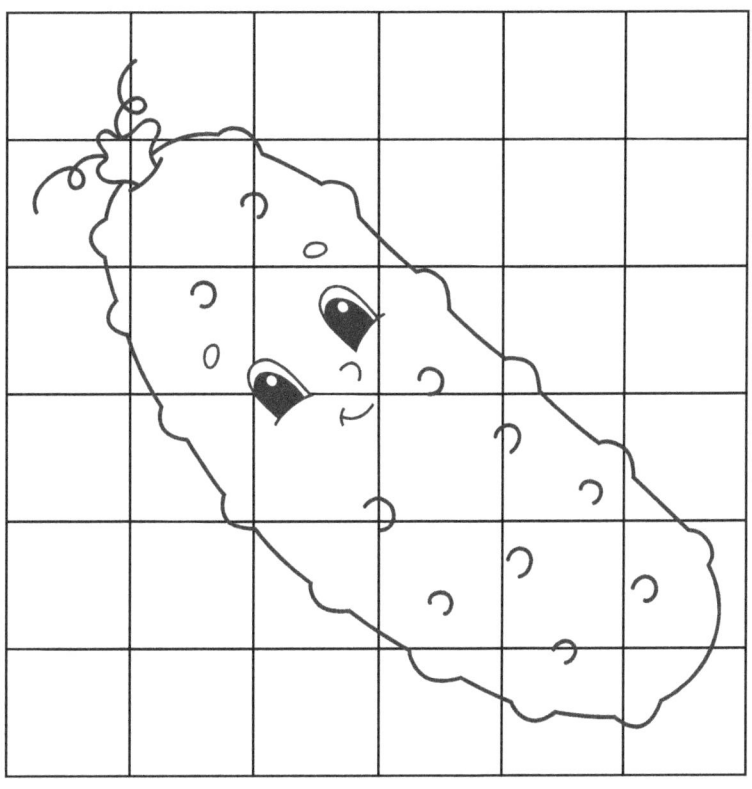

Copy the picture

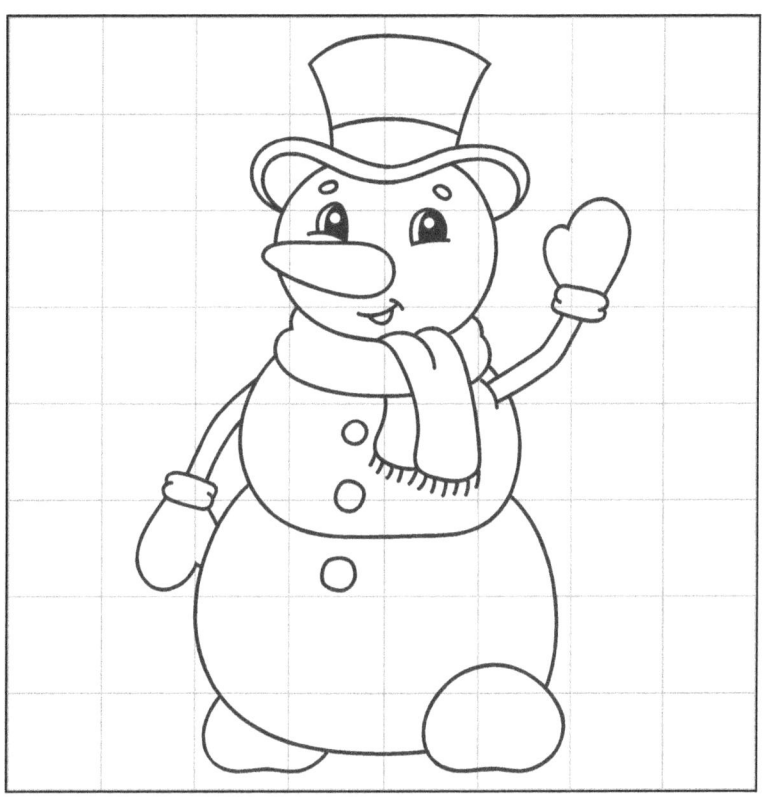

Copy the picture

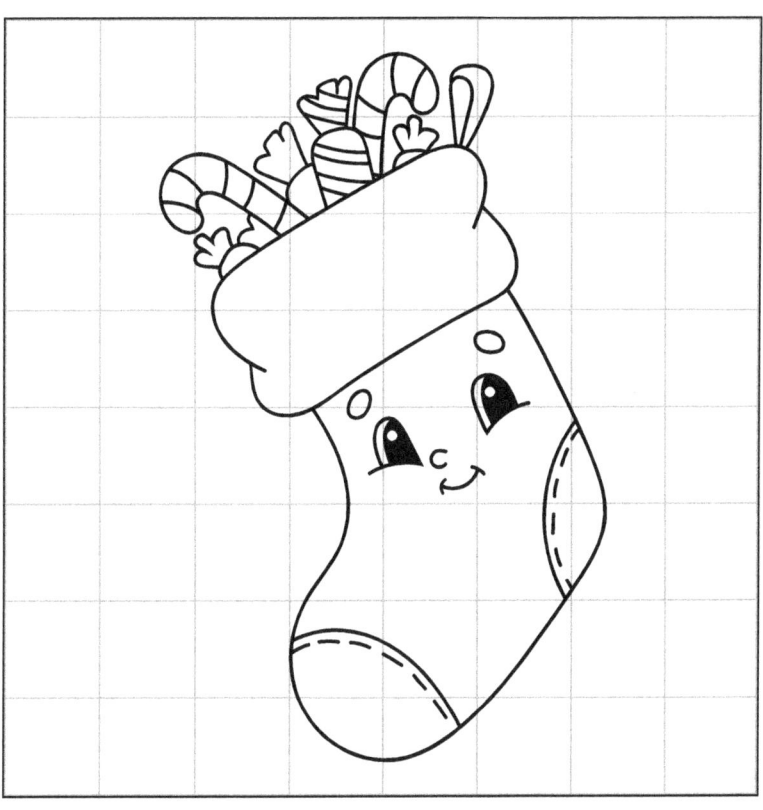

Copy the picture

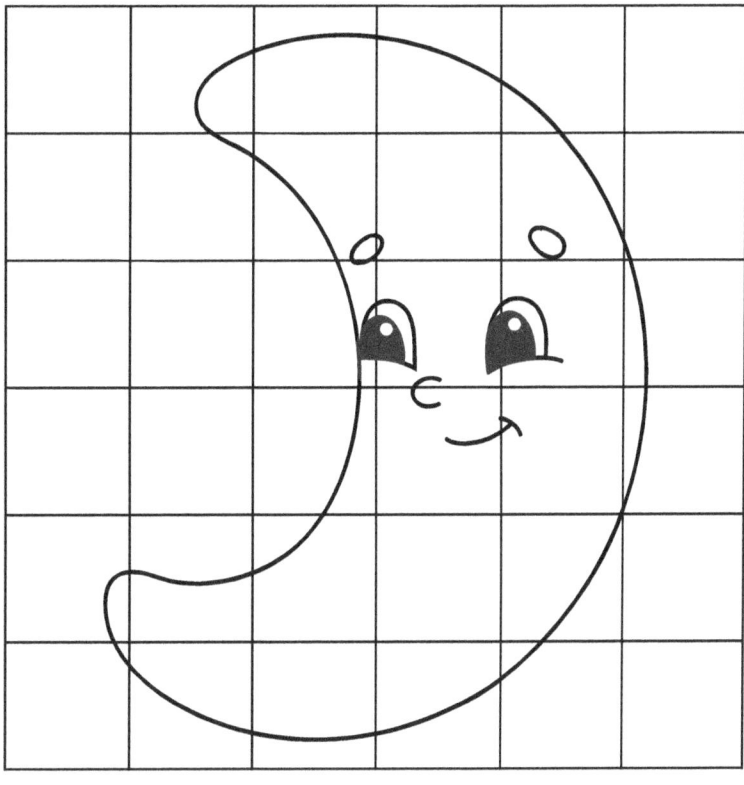

Copy the picture

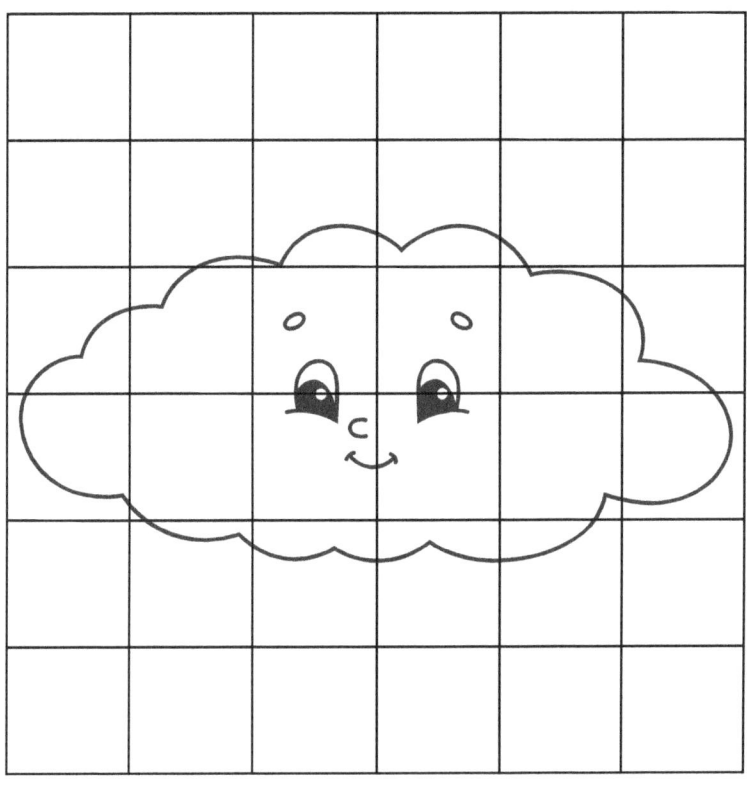

Copy the picture

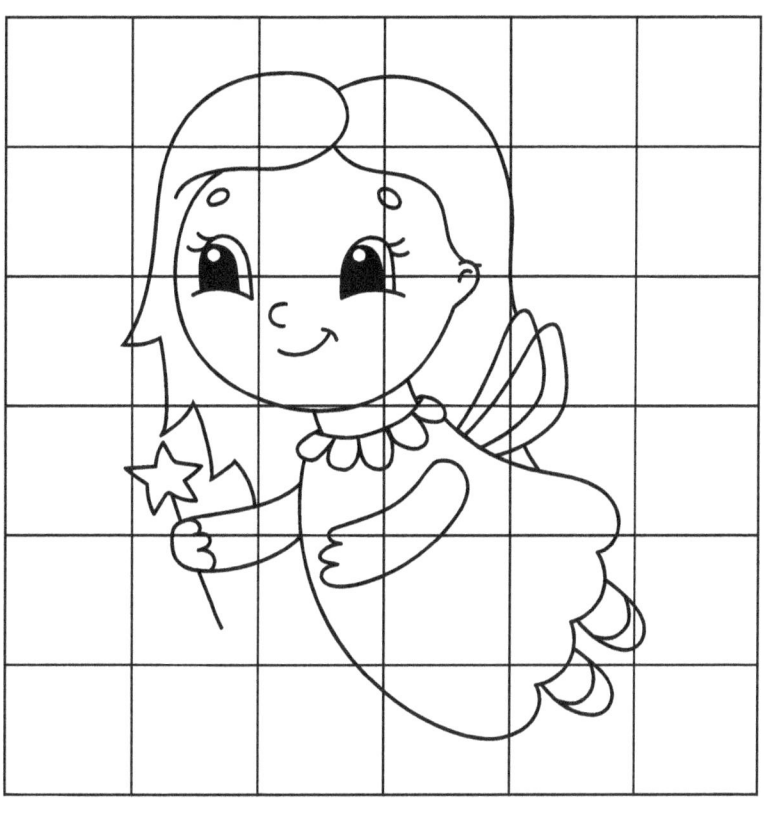

Copy the picture

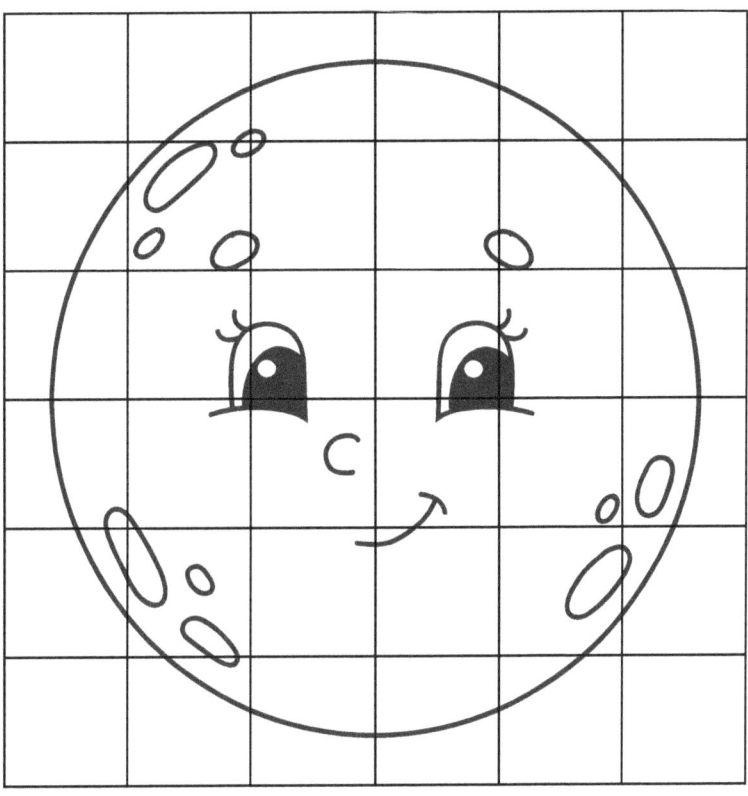

Copy the picture

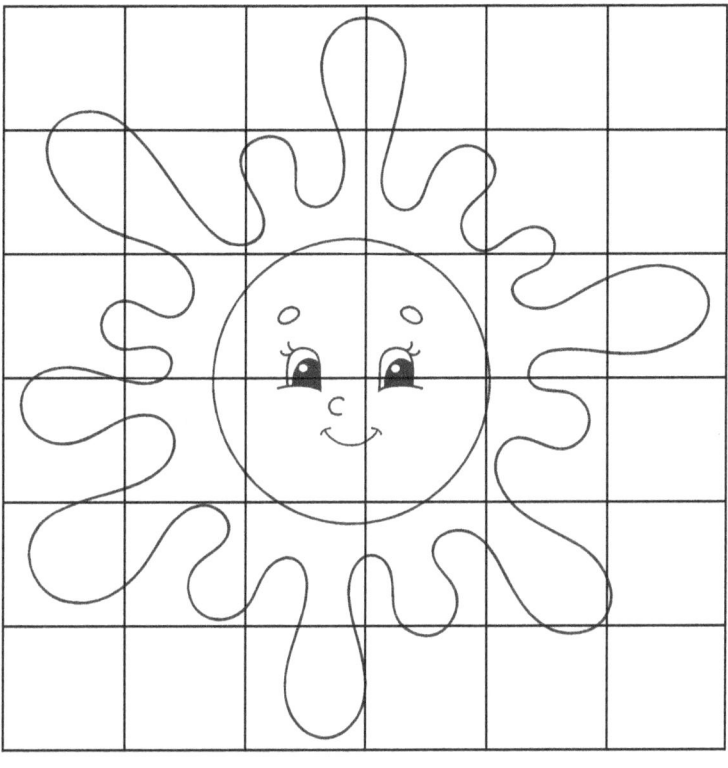

Copy the picture

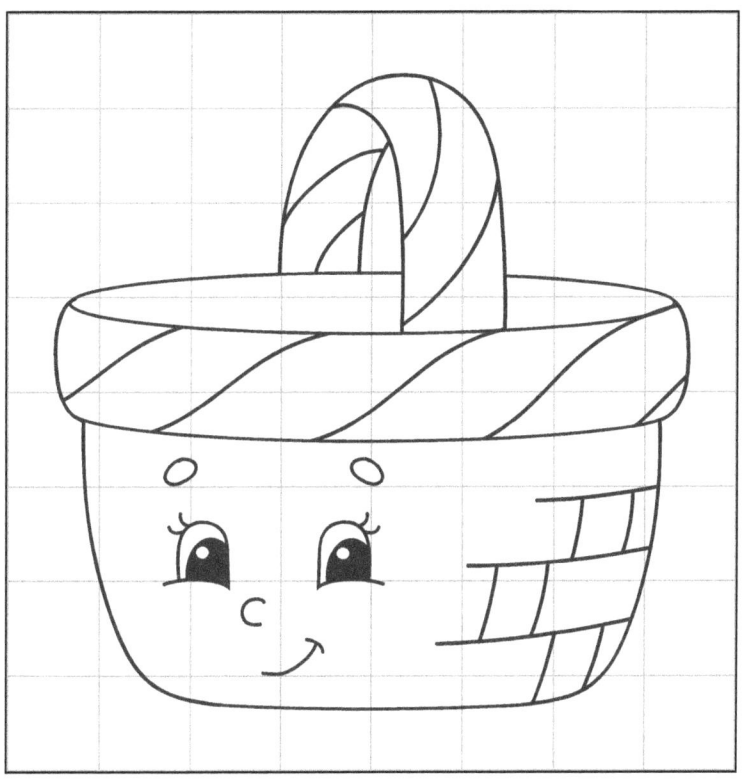

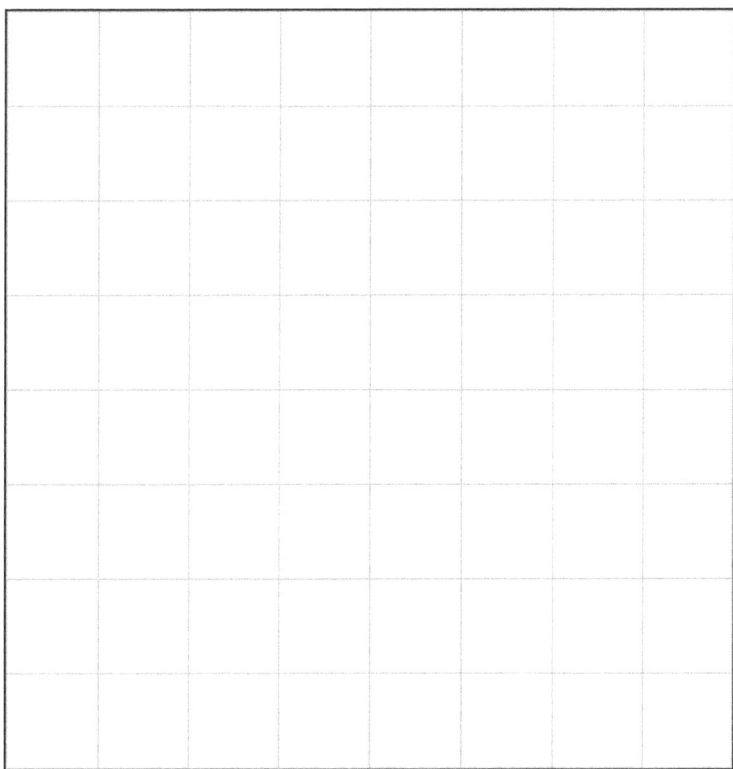

Copy the picture

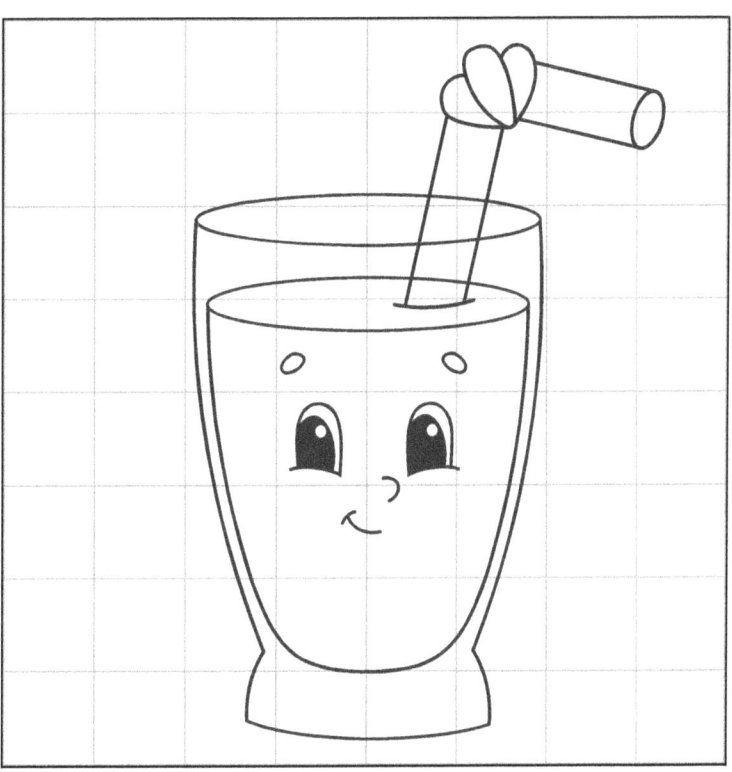

Copy the picture

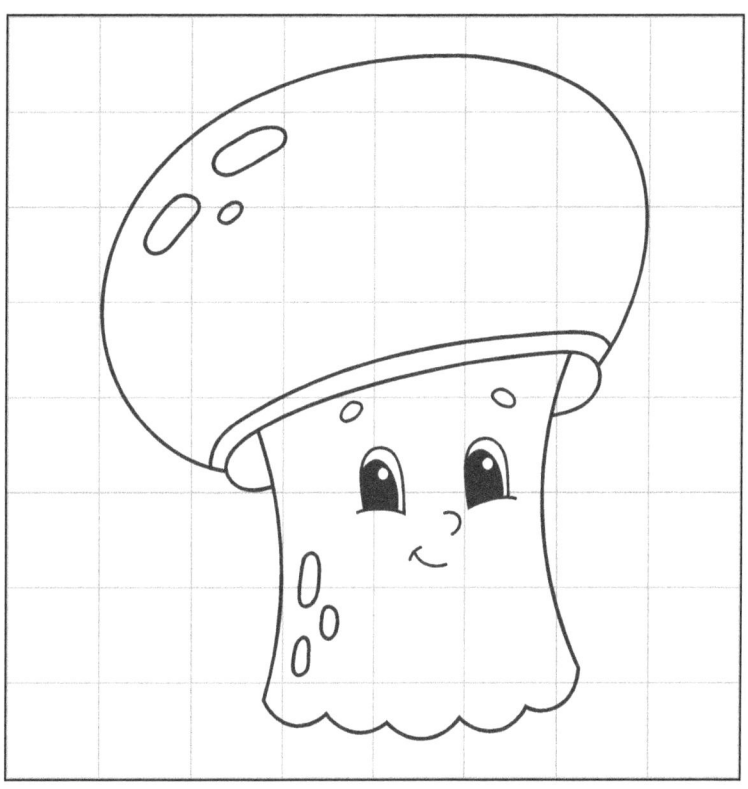

Copy the picture

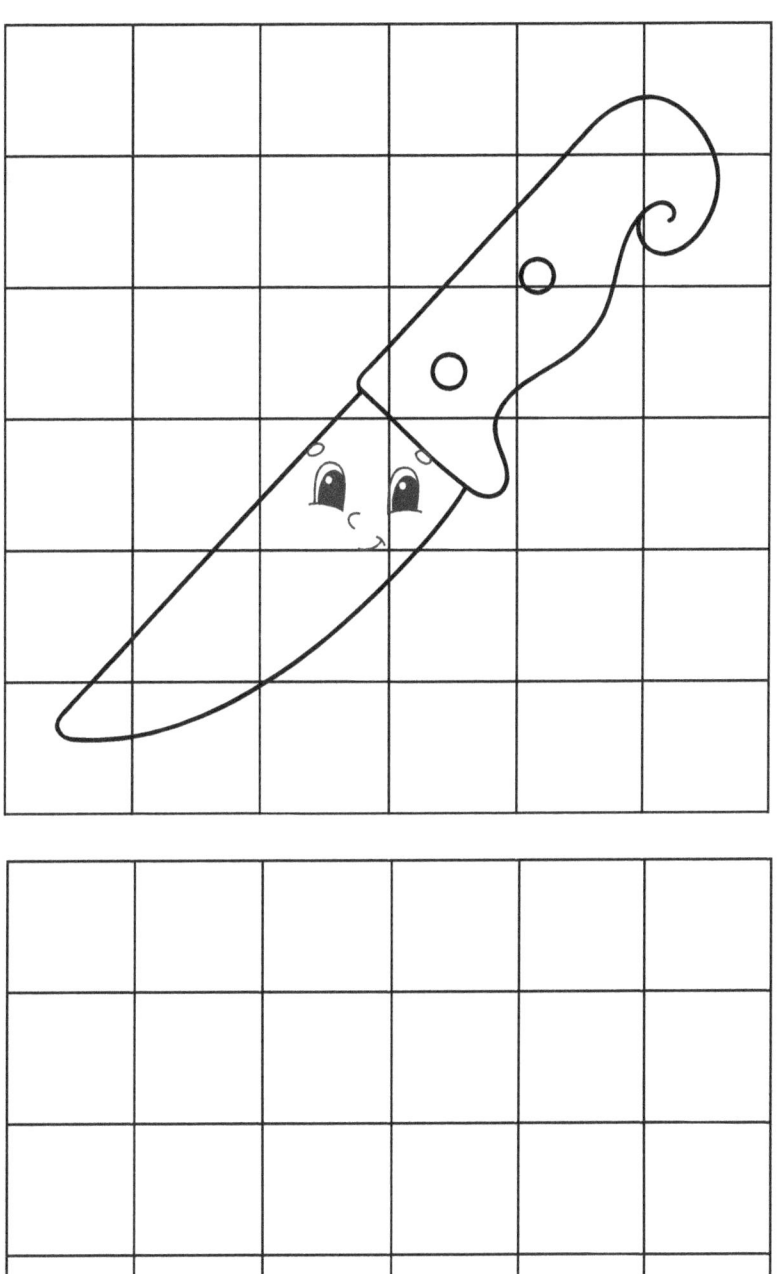

Copy the picture

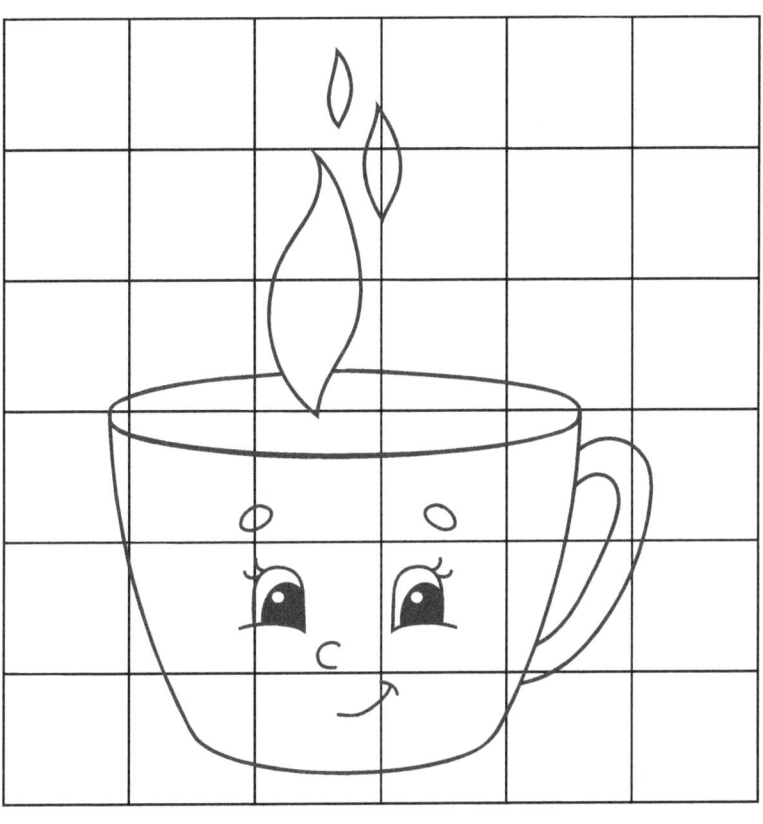

Copy the picture

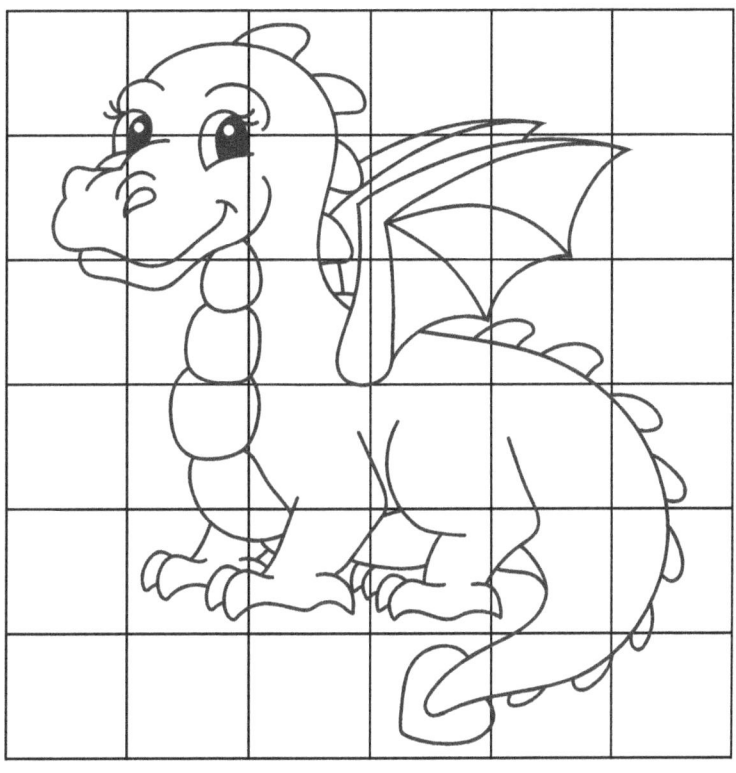

Copy the picture

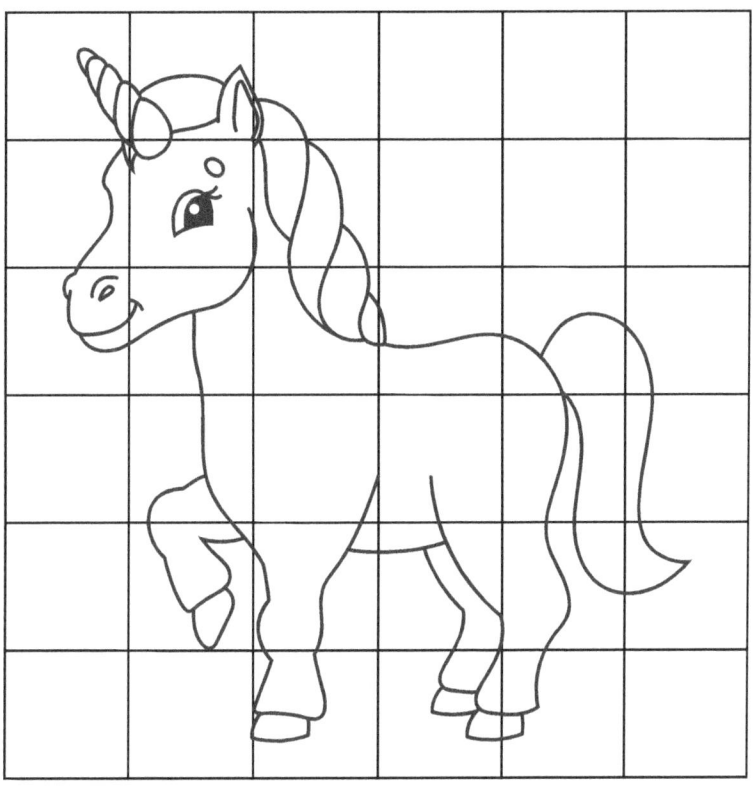

Copy the picture

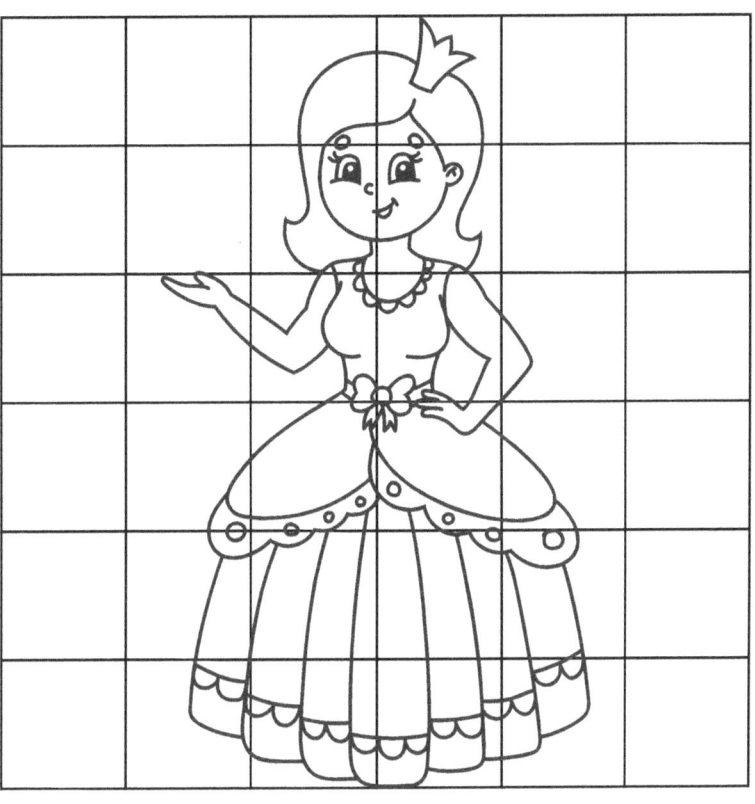

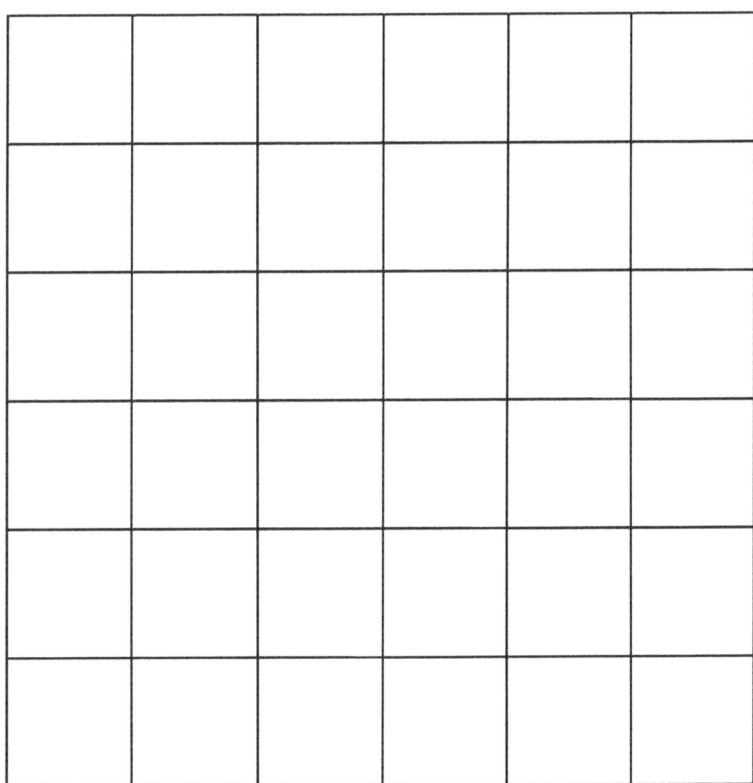

Copy the picture

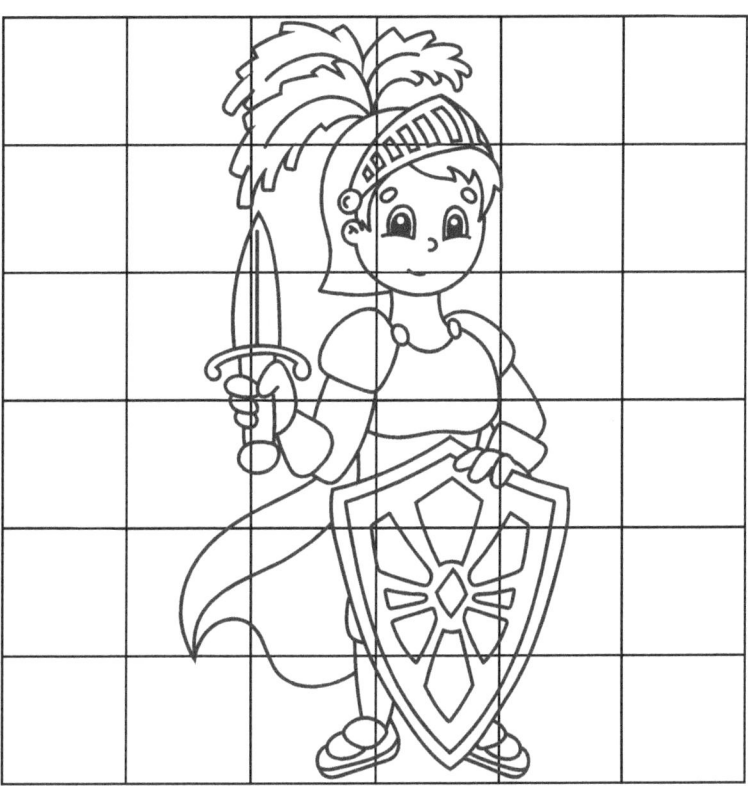

www.ingramcontent.com/pod-product-compliance
Lightning Source LLC
Chambersburg PA
CBHW081454220526
45466CB00008B/2639